Pour :

De la part de :

Date :

Un doigt. Je suis passé à un doigt d'une autre vie. L'index gauche. Un chauffard avait démoli mon corps et mon esprit finirait dans le même état. Pas armé, pas préparé. Pas capable de vivre tel un légume. Mes parents ont alors eu l'idée du clavier : j'étais incapable d'écrire à la main mais je pouvais taper sur un doigt. Écrire m'aiderait à mettre de l'ordre dans cette tête qui se liquéfiait dans les trous de sa mémoire. Le contraire arriva. Retrouvant sur le papier une agilité dont j'étais privé dans la vie, je me suis évadé sur des centaines de pages. Et soudain, déclic : les idées noires qui m'envahissaient hier au moindre relâchement étaient plus rares. Comme si je lavais ma tête en noircissant le papier. A commencé alors une autre furie : chercher, creuser, guetter, en moi, chez les autres, dans les livres, partout, le meilleur du meilleur pour remeubler ma tête, redécorer ma vie. Des centaines et des centaines d'heures de travail, d'idées ruminées en regardant le même plafond puis la même fenêtre pendant une éternité. Chaque trouvaille était inlassablement poncée, polie puis reconcassée dans un cycle infernal, jusqu'à devenir parfaite. Problème : il fallait un temps infini pour taper chaque phrase, chaque mot, chaque lettre ; épuisant, décourageant. J'ai donc appris à réduire le nombre de phrases, de mots, de lettres, etc. C'est vite devenu un jeu : faire de plus en plus court ! Et même une façon de penser : les idées se déposaient dans ma tête comme une succession de mots courts, simples, des mots de tous les jours, faciles à lire, comprendre, assimiler et qui finissaient par faire corps avec moi. La surprise, merveilleuse, n'a pas tardé. Des messages de réconfort, de paix, d'amour et d'espoir ont commencé à jaillir, se multiplier. Des idées pour être heureux, se changer la vie, lui donner un sens, la voir en couleurs : des idées-bonheur. Certaines vous sembleront évidentes ou tinter comme quelque chose que vous avez déjà perçu ou entendu. Ce n'est pas un hasard. La source est la même : celle qui coule au fond de nous tous. Formidable, généreuse. Sans doute la même qui a jadis soulevé les montagnes et que nous verrions partout si nous savions regarder. Laissez-vous emporter par elle. Vous montrer que la porte du bonheur s'ouvre de l'intérieur et qu'il est inutile de chercher une clé compliquée ou de pousser comme un fou, pour l'ouvrir. Au contraire. Un doigt suffit pour l'ouvrir...

Dominique

Du même auteur :

« Petites Victoires, Grands Bonheurs » Flammarion

« Petites Victoires, Grand Amour » Flammarion

« Victoires Sur Toute La Ligne » Flammarion

« Petites Victoires Tous Ensemble » Flammarion

« Le Bonheur, un jeu d'Enfant » Flammarion

« Petits Bonheurs Amoureux » Flammarion

« Le Bonheur, c'est les Autres » Flammarion

« Petits Chemins du Bonheur » Flammarion

« C'est Beau La Vie » Flammarion

« C'est Doux La Vie » Flammarion

« C'est Simple La Vie » Flammarion

« C'est Tendre La Vie » Flammarion

« La Vie en Rose, Mode d'Emploi » Albin Michel

« La Boss Génération - Succès, Mode d'Emploi » Bordas-Dunod

© Éditions Flammarion S.A., 2000
26, rue Racine 75006 Paris
Tous droits de traduction, de reproduction et
d'adaptation réservés pour tous pays
ISBN : 2-0820-0294-2

DOMINIQUE GLOCHEUX

Petites victoires, grand Amour

Des idées bonheur pour réussir en amour

Flammarion

A Victoire, déjà dix-huit livres d'amour, et toujours le poids exact du Bonheur ...

À Frédérique et Alain, ses deux anges gardiens ...

Merci à Françoise & Alexandra, Sophie & Rolf,
à Muriel & Alain Bosetti,
à Frédérique & Nicolas Bastien,
à Brigitte & Hubert Bro, Véronique & Serge Eberhardt,
à Florence & Benoît Lescure, Viviane & Xavier Pélisson,
à Catherine et Jacques Béars,
à Anne & Christian Foch,
à Laurence & Laurent Taieb,

Thanks to Fionna, Island, Jennifer, Laura, Liam, Lily Rose,
Margaux, Nikita, Shauna & Tïuraï,
for all your love.

petites victoires, grand Amour

1
Souriez.

2
Donnez une chance aux grands sentiments :

débarrassez-vous des petits.

3
Soyez tendre le premier.

Un bonheur est si vite imité.

petites victoires, grand Amour

4

Ayez un œil dans le rétroviseur et
les deux autres qui regardent droit devant.

                                                                      Loin, loin devant.

Analyser le passé n'est intéressant
que s'il sert à mieux profiter de l'avenir.

5

Cherchez la part d'innocence chez votre amour.
Et oubliez le reste.

petites victoires, grand Amour

6

Réveillez vos abdos : vous réveillerez votre libido.

6 BIS

Faites sonner le réveil une heure plus tôt.
Gros câlin le matin, journée pleine d'entrain.

7

Quand vous parlez à vous-même,

envoyez des messages optimistes et valorisants.

De confiance, paix, sérénité, réconfort, énergie.

                    Votre subconscient enregistre.

petites victoires, grand Amour

8
Jouez en **double**, pas en simple.
Vous ne jouez pas contre votre amour, mais avec lui.
Dans la même équipe.

9
... trouvez 3 raisons de regarder
votre couple comme une véritable équipe.

10
... trouvez 3 raisons d'avoir confiance
en cette équipe et en ses capacités.

petites victoires, grand Amour

11

... regardez votre couple comme une équipe qui doit réussir.

12

... montrez à votre amour que vous regardez votre couple comme une équipe qui doit réussir.

13

Laissez dégouliner. Partout, tout partout.
Créez une ambiance "9 semaines et demie".
À votre goût : miel, yaourt, confiture ou Chantilly.

petites victoires, grand Amour

14
Jouez avec les bulles.
Champagne, Coca ou Perrier

sont très appréciés des muqueuses sensibles :

chatouillez-les.

15
Réévaluez vos priorités.

Donnez la priorité à l'essentiel.

petites victoires, grand Amour

16

Efforcez-vous 24 heures
d'être tout spécialement gentil, prévenant,
ouvert, souple, généreux, attentif et tolérant.
Observez bien ce qui va se passer. Profitez.

17

... gardez les bonnes habitudes :
continuez l'expérience encore 24 heures.
Puis encore 24 heures.
Encore. Encore. Encore.

petites victoires, grand Amour

Parlez d'amour à votre amour.
Trois petits mots suffisent pour tout enclencher.

Les gros pépins font comprendre que la vie **"AVANT"**
était douce et parfumée comme la fleur d'oranger.
N'attendez pas qu'il soit trop tard :
réapprenez vite à goûter, apprécier et
savourer ensemble les fruits de votre vie d'**aujourd'hui**.

petites victoires, grand Amour

20

Listez les 3 principales raisons pour lesquelles vous avez décidé de vivre ensemble.

21

... redites-lui.
Mieux : déposez votre liste sur son oreiller.

22

Tenez-vous à l'écart des personnes qui sapent vos efforts ou piétinent vos espoirs.

petites victoires, grand Amour

23
Protégez votre amour de votre amour-propre.

Ne les laissez pas s'égratigner l'un l'autre.

Ce que vous gagneriez sur l'instant, vous le perdriez des semaines, des mois, des années durant.

24

Passez aux rayons **X** Changez de lectures.

Pour un jour ou pour la nuit.

Et lisez à deux, c'est encore mieux. **X** fois mieux

petites victoires, grand Amour

25
Rappelez-vous une situation
où votre amour vous a soutenu à 100%.
Décrivez-la avec précision en utilisant vos cinq sens :
qu'entendez-vous, sentez-vous, voyez-vous, etc.

26
... retrouvez vos sensations
de reconnaissance,
de sécurité et de confiance.
Fixez en vous ces images
de douceur et de sérénité.

27
... notez précieusement
ce que vous venez de
retrouver.
Relisez souvent. Revivez-les
souvent. C'est trop bon.

petites victoires, grand Amour

28′×28°

Immergez-vous 28 minutes dans de l'eau à 28°C.
À deux, c'est deux fois mieux.

29
Devant une main tendue, ne restez pas les bras croisés.

petites victoires, grand Amour

30

Trouvez 3 idées pour apporter plus de piment,
d'excitation et de nouveauté dans votre vie de couple.
Dans les 3 jours qui viennent.

31

N'attendez pas les grandes occasions
pour prouver votre amour.
Les petites sont meilleures.
Surtout quand elles se répètent souvent.

petites victoires, grand Amour

32

Massez votre visage avec vos doigts.
Partez de la racine du nez, montez en cercle sur le front,
descendez jusqu'à vos joues, repassez au coin de vos yeux,
massez vos sourcils, finissez en massant délicatement vos tempes.
Idéal pour ôter masques d'anxiété et tensions parasites.

33

... massez pareillement votre amour.
Excellent alibi pour continuer plus bas.
Touchez, palpez, malaxez. Et plus, si affinités.

petites victoires, grand Amour

34
Soyez fidèle. D'abord à vous même.

35
*"Le poisson est le plus
mal placé pour juger
de l'état de son bocal"*

(Mao).   Méditez.

36
Sortez de votre bocal.
Tout reprendra sa taille réelle.
Tout rentrera plus vite dans l'ordre.
Nouvelle perspective :
idées nouvelles, énergie nouvelle.

petites victoires, grand Amour

37

Trouvez 3 idées pour apporter plus d'enthousiasme et d'insouciance dans votre relation.

38

... faites-en un jeu, une habitude.
Et observez la réaction de votre amour.
L'enthousiasme et l'insouciance sont très
contagieux : votre amour vous imitera.

Réaction en chaîne magique.

petites victoires, grand Amour

39
Écoutez votre amour.

Attentivement, exclusivement.
Écoutez-le, étonnez-le.
Ouvrez grand les oreilles de vos oreilles.
Toujours capable de répéter ce qu'il vient
de dire et prêt à résumer sa pensée.
Comme si vous souhaitiez fusionner avec ses pensées.

40
... laissez-le parler :

écoutez-le jusqu'au bout.

petites victoires, grand Amour

41
... ne manquez pas le meilleur :
le silence juste après est rempli de sens et de tendresse.

42
... savourez d'avance :
la prochaine fois,
il n'hésitera pas à se confier à vous.
Et à vous écouter attentivement et
avec beaucoup d'intérêt, à son tour.

petites victoires, grand Amour

43

Imaginez que votre amour ait dû s'absenter pendant trois mois. Surprenez-vous à constater tout ce que votre amour faisait pour vous.

        Et que vous ne voyiez plus du tout.

44

… dites-lui la phrase magique :

"que ferais-je sans toi ?"

45

… trouvez 3 autres phrases magiques.

petites victoires, grand Amour

Cherchez le plaisir.
N'attendez pas qu'il vienne vous trouver.

Cherchez le désir.
N'attendez pas qu'il vienne vous trouver.

petites victoires, grand Amour

48

Si vous avez fini à trois heures de l'après-midi,
ne cherchez pas une autre activité :
jouez la cigale, oubliez la fourmi.

49

Baissez la garde avec votre amour.
Défense de rester sur la défensive.

petites victoires, grand Amour

50

Les cœur à cœur ont besoin
des tête à tête pour durer.

                    Et réciproquement. Équilibrez.

51

Les cœur à cœur ont besoin
des corps à corps pour durer.

                    Et réciproquement. Équilibrez.

52

Trouvez 3 idées faciles
pour vous dépenser ensemble régulièrement.

petites victoires, grand Amour

53

Imaginez-le en train de vous déclarer son amour et de vous faire les compliments les plus tendres et les plus émouvants que vous ayez jamais entendus.

54

... fixez en vous cette image de bonheur, de gratitude et d'espoir. Ancrez-la comme un trésor merveilleux à garder à jamais.

petites victoires, grand Amour

55
Trouvez 3 endroits insolites pour faire crac-crac avec votre amour.

56

... en plus, (r)envoyez-le au ciel dans l'ascenseur.

Ou soyez terre-à-terre :

à même le sol les perceptions sensorielles sont décuplées.

petites victoires, grand Amour

57

Préparez des vacances en amoureux.

Même seulement une escapade à deux, le temps d'un week-end.
Partir très loin, ce n'est pas le bout du monde.

58

                        la tête et le cœur plus légers.

                Tout est tellement plus facile,

       Allégez-vous.

Lâchez du lest.

petites victoires, grand Amour

59

Trouvez les **3** principales raisons
d'être fier de votre couple.

60

... demandez-lui les siennes.
Comparez et remerciez-le.

61

Efforcez-vous 24 heures de baisser
vos attentes et vos exigences vis-à-vis de vous-même.
Ressourcez-vous, reprenez pied.

petites victoires, grand Amour

62

Prenez le temps de faire ce que vous aimez.

63

Prenez le temps de lui faire ce que vous aimez.
Prenez le temps de lui faire ce qu'il aime.

64

Prenez le temps.

Ne pas le prendre
est un luxe au-dessus de vos moyens.

petites victoires, grand Amour

65
Jouez ensemble.
Les couples qui jouent le plus,
sont ceux qui durent le plus.

66

Ne cherchez pas à savoir
ce que vous ferez quand tout ira bien,
quand toutes les conditions seront réunies, etc.
Vivez.
Tout de suite.
Sans plus attendre ni reporter.

 *petites victoires, grand Amour*

67

Encouragez les valeurs fortes dans votre couple :
l'intégrité, l'honnêteté, la générosité.
Elles rendront votre union plus solide.

68

Portez des pyjamas :

 juste voiler un corps suffit
à le rendre mystérieux.
Donc désirable.

petites victoires, grand Amour

69
Exprimez votre gratitude le plus souvent possible.

C'est la plus précieuse attitude
que vous puissiez transformer en habitude.

70

Parlez-lui d'amour

dans une langue étrangère que vous inventez.

Dès que vous le pouvez, continuez en français.

petites victoires, grand Amour

71

Changez votre façon de voir
les choses qui vous arrivent.
Elles changeront leur façon de vous arriver.

72

... laissez-leur une chance d'arriver comme vous en rêviez :
préméditez-les. Et regardez-les arriver comme prévu.

73

Quand vous parlez de votre amour,
ne parlez que des aspects positifs.

petites victoires, grand Amour

74

Tendez la main à votre amour.
Encore. Encore. Encore. Encore.
Même quand vous croyez lui tendre la main,
vous ne lui tendez pas encore assez.

75

Ne gardez pas votre meilleur parfum,
vos plus beaux habits,
uniquement pour les jours de fête.
Décidez de donner un air de fête
à un moment et de le rendre **"spécial"**.
Uniquement parce que vous l'avez décidé.

petites victoires, grand Amour

76
**Efforcez-vous 24 heures d'aimer
votre corps et votre âme tels qu'ils sont.**

77
Redoublez d'efforts quand vous approchez de la victoire :
ne cédez pas à la tentation de baisser la pression.

78
... tenez bon encore après : profitez de votre succès
pour en tirer le maximum d'avantages.

petites victoires, grand Amour

79

Faites collection de tisanes biologiques. À base de graines d'anis étoilé, citronnelle, feuilles de tilleul, mélisse, thé vert ou menthe, racines de gingembre, fleurs d'hibiscus. Et pour les moments coquins, pensez à la sarriette, au romarin. Stockez. Infusez. Avec du miel à la lavande, c'est meilleur.

80
Ne dites jamais "sinon ...".
"Sinon" est souvent un mot de trop.

petites victoires, grand Amour

81
Vous avez eu de la chance de le rencontrer.
Trouvez les 3 principales raisons.

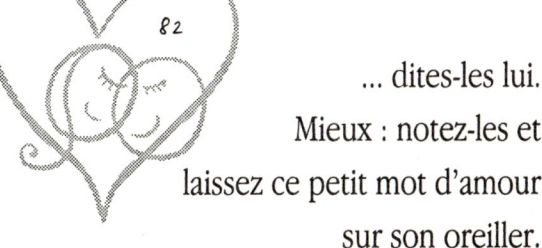

82

... dites-les lui.
Mieux : notez-les et
laissez ce petit mot d'amour
sur son oreiller.

83

Roulez doucement la tête autour de votre cou.
Idéal pour se relaxer et redonner du tonus à vos pensées.

petites victoires, grand Amour

84

Oubliez un instant le couple que vous êtes.
Devinez celui que vous pourriez être.

85

... devenez celui que vous pourriez être.

Action.

86

Apprenez à cuisiner scones et muffins.
Essayez les mélanges étonnants et les versions sucrées/salées.

petites victoires, grand Amour

87

Représentez-vous une scène paisible et très agréable,
juste avant de vous endormir.

88

... fabriquez-vous un catalogue
de scènes plus fondantes et apaisantes
les unes que les autres : idéal pour faire dodo
en un temps record et très profondément.

89

Ne sous-estimez pas le pouvoir de l'amour.

petites victoires, grand Amour

90

Listez ce que vous avez réussi ensemble
en tant qu'équipe.
Commencez par les **10** premiers exemples
qui vous viennent à l'esprit.

91

... demandez à votre amour de compléter la liste.

92

... tenez cette liste à jour et ne la terminez jamais.
Relisez-la souvent à quatre yeux.

petites victoires, grand Amour

93

Apprenez à être
plus patient et attentif avec votre amour.

94

Trouvez 3 idées pour lui faire **plaisir**.
Le plaisir de faire **plaisir**
est un des **plaisirs** les plus délicats,
mais aussi un des plus féconds :
avec lui, tout peut arriver.

Tirez le premier.

petites victoires, grand Amour

95
Prévoyez des revers :
la route vers le succès
est parfois longue et sinueuse.

96
... mais osez prendre des raccourcis :
cette route peut aussi devenir très courte.

97
Semez le bonheur autour de vous.
Le vent de la vie ramènera vite
les graines de ces graines germer en vous.

petites victoires, grand Amour

98

Donnez-lui le grand frisson.

Libérez un petit glaçon.

Laissez le filou se glisser tout partout.

99

... pensez aux sorbets mentholés.

Chaud-froid, effet astringent : insupportablement agréable.

Avant, après et même pendant.

100

Suivez votre chemin.

Ne faites pas comme les moutons.

Ne suivez pas ceux qui vous suivent.

petites victoires, grand Amour

101

Trouvez 3 idées pour faire revivre
la spontanéité, la joie de vivre et l'exubérance
de vos premiers rendez-vous amoureux.
Remontez ensemble à la source.

102

Quand votre amour vous pose une question,
évitez de répondre "pourquoi ?".
Répondez-lui d'abord.

petites victoires, grand Amour

103

Laissez tomber les détails et les défauts sans importance.
Concentrez-vous sur les qualités de votre amour.
Et tout ce qui vous a fait craquer la première fois.

104

*"La mesure de l'amour,
c'est d'aimer sans mesure."*

(Saint Augustin).

Méditez.

petites victoires, grand Amour

105

Partagez votre douche.
Partagez votre baignoire.

Cherchez où est passé le savon. Et plus, si affinités.

106

Concentrez vos efforts, votre énergie, vos atouts.

Vous éparpiller serait vous gaspiller.

107

Changez de peau : changez de lingerie.

Osez : soyez tout particulièrement *chic et sexy*.

petites victoires, grand Amour

108

Apprenez à visualiser soucis, stress et anxiétés, comme des valises. Que vous portiez tous les deux sans vous en rendre compte. Portez-les ensemble jusqu'à la poubelle : leur place est là-bas.

109

... prévoyez de grosses poubelles, les premiers jours.

110

... prévoyez ensuite de petits sacs. Faites souvent le ménage : votre vie à deux sera tellement plus légère, facile et belle.

petites victoires, grand Amour

111

Trouvez **7** raisons de l'aimer tel qu'il est.
Et d'en être entièrement satisfait.

112

... sentez remonter en vous les mêmes sensations
que la première fois où vous le trouviez
"irrésistible et craquant".

113

Parlez de vos progrès, réussites et projets.
Taisez vos erreurs, échecs et terreurs.

petites victoires, grand Amour

114
Faites-vous visionnaires.
Découvrez ensemble le couple
que vous voulez devenir
dans un an, dans trois ans, dans dix ans.
Vous apprendrez beaucoup l'un sur l'autre.

115
Les instants romantiques sont chargés d'émotions.
Parfois si tendres, fortes et belles. Faites-en collection :
ces instants illuminent votre histoire, forgent votre union.

116
Menez-le par le bout du nez.
Juste une trace de votre parfum préféré
sur un de ses vêtements, suffira à l'accompagner
partout, pendant toute la journée.

117
Choisissez d'être souple, simple et arrangeant.
Chacun de vos efforts sera payé au centuple,
même très discrètement, imperceptiblement.

petites victoires, grand Amour

118

Trouvez 3 idées pour prendre
des repas ensemble
dans un décor inhabituel.

119

... retournez dans les premiers endroits
où vous avez pris des repas ensemble.

120

 Ce soir, inversez les rôles,
bousculez les habitudes
et les certitudes.

La nuit sera longue.

petites victoires, grand Amour

121

Même si vous l'avez déjà dit une fois dans votre vie,
redites-lui.

122

... redites-lui plus souvent :
pour lui, à chaque fois, c'est meilleur.

123

Approchez-vous quand vous lui parlez. Asseyez-vous plus près.
Rapprochez-vous encore plus de votre amour.

petites victoires, grand Amour

124
Listez les 7 principales convictions que vous partagez avec lui.

125
... demandez à votre amour d'en ajouter 3 autres.

126
... trouvez-en sans cesse d'autres, ensemble.
Et cultivez-les.
Chacune de ces racines nourrit l'arbre de votre union.

petites victoires, grand Amour

Répondez par l'amour.

[127]

Ça change tout.

Toute votre vie peut changer grâce à lui.

Répondez par l'amour.

[128]

Vous pouvez toujours.

L'amour guérit tout.

Répondez par l'amour.

[129]

L'amour a réponse à tout.

petites victoires, grand Amour

130

Ne vous laissez pas surprendre :
rien n'est définitivement acquis.
Surtout dans un couple.
Le facteur sonne toujours deux fois,
le bonheur pas toujours.
Profitez du moment.

131

Riez. Le rire est le meilleur ami de votre santé : ira bien qui rira le dernier.

132

Trouvez 3 idées pour mettre votre amour en valeur.

petites victoires, grand Amour

133

Consacrez deux fois plus de temps et deux fois moins d'argent
à vos petites attentions.
Déclenchez votre imagination.

134

Essayez à deux la crêpe aux myrtilles ou le sandwich au chèvre chaud
seuls, complices, pendant le lavage de la voiture, sous les rouleaux.

135

Mettez plus de vie dans votre amour.
Vous mettrez plus d'amour dans votre vie.

petites victoires, grand Amour

136

Quand tout va trop vite, allongez-vous. Sur l'herbe, le sol, le lit. Rappelez-vous quand vous étiez enfant et regardiez le ciel : tout se calmait vite en vous. Souvent aussi, autour de vous. Car c'est un excellent moyen de changer votre perspective. Allongez-vous.

137
Choisissez d'aimer.
Pas de montrer que vous avez raison.

En amour,

qui cherche d'abord à montrer qu'il a raison,

perd la raison.

petites victoires, grand Amour

138

Dites à votre amour les 3 qualités que
vous aimez le plus chez lui.

139

... si vous avez du mal à en trouver 3, trouvez-en 7.

140

... redites-lui souvent :
il sait déjà ce que vous n'aimez pas chez lui,
mais il lui faudra beaucoup de temps
pour comprendre tout ce que vous aimez chez lui.

petites victoires, grand Amour

141
Achetez-vous un bonheur tout neuf :
faites table rase du passé, de tout ce qui vous a éloigné, divisé,
déçu, aigri, fâché. Faites le ménage par le vide.
Gardez le meilleur, jetez le pire. Repartez à zéro. Étonnant.

142
Ne comparez votre couple à aucun autre.

143
Par-ci, par là, *vouvoyez* votre amour.

petites victoires, grand Amour

144

Trouvez 3 idées pour que votre couple

        soit plus singulier et pluriel que jamais.

            Dans les 3 jours qui viennent.

145

*"On reconnaît le bonheur
au bruit qu'il fait en partant"* :

ne laissez pas filer des années de bonheur sans les attraper.

Trouvez mille idées pour en profiter

quand il en est encore temps :

tout de suite, maintenant.

petites victoires, grand Amour

146

Faites *"ami-ami"* avec les compromis.
Quand un de vous deux fait un compromis, il perd.
Mais quand tous les deux vous faites un compromis,
vous gagnez tous les deux.

147

Fixez-lui des rendez-vous sensuels.

Mercredi 17h30 : crac-crac.

Vous avez la semaine pour vous préparer.
Et y penser : attendre, c'est trop bon.

petites victoires, grand Amour

148

Regardez votre couple d'aujourd'hui avec vos yeux d'hier : rappelez-vous la vie avant d'avoir rencontré votre amour. Vos aspirations d'alors, vos besoins, rêves et ambitions. Mesurez le chemin parcouru. Notez les 3 réalisations dont vous êtes le plus fier. À lire et relire sans modération.

149

... trouvez vos 3 principales attentes encore insatisfaites. Mettez tout en œuvre pour les réaliser dès que possible.

150

... demandez à votre amour le même exercice. Et comparez soigneusement vos résultats.

petites victoires, grand Amour

152
Soyez tendre.
Très, très tendre.
Rien ni personne ne résiste à un assaut de tendresse.

153
Trouvez 3 idées pour terminer
chaque journée ensemble
sur une note agréable.

petites victoires, grand Amour

154

Trouvez 10 raisons d'avoir une
bonne opinion de vous-même.

Mémorisez-les, écrivez-les.

155

... trouvez 10 raisons pour votre amour d'avoir
une bonne opinion de lui-même. Écrivez-lui.

156

Cherchez la compagnie de gens
qui vous font rire tous les deux.

petites victoires, grand Amour

157

Acceptez les compliments de votre amour.
Moins pour ce qu'ils disent de vous,
que pour ce qu'ils disent de lui.
Et remerciez-le du fond de votre cœur.

158

Abordez les "gros" problèmes d'abord.
Avant qu'ils ne vous abordent.

Et ne vous sabordent.

petites victoires, grand Amour

159

Prenez 3 minutes et regardez votre couple comme un entraîneur qui veut que son équipe réalise de superbes performances.

160

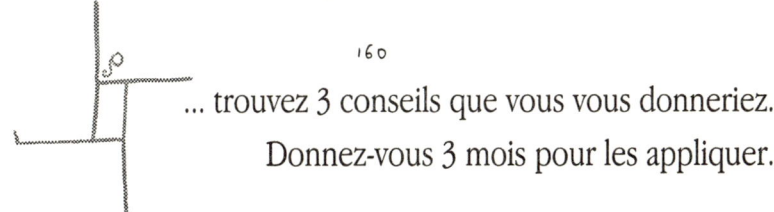

... trouvez 3 conseils que vous vous donneriez.
Donnez-vous 3 mois pour les appliquer.

Soyez présent.
161
Pas seulement physiquement.
En amour, c'est votre premier devoir.

petites victoires, grand Amour

162

Trouvez 3 idées pour aider votre amour à vivre plus heureux.

163

... soyez heureux.
Jamais vous ne pourrez autant aider
votre amour à être heureux.
Le bonheur est si contagieux.

164

Respectez vos rythmes biologiques à tous les deux.

petites victoires, grand Amour

165

Trouvez un nom ou une phrase qui résume bien tout ce que signifie, évoque ou représente votre couple. Creusez, prenez de la peine, c'est le fond qui manque le moins : vous découvrirez de véritables trésors sur votre relation.

166

Jetez votre **loupe**, prenez des jumelles.
Les problèmes reviendront à de plus justes proportions.

petites victoires, grand Amour

Aimez la vie.

167

L'amour de la vie
attire l'amour dans la vie.
Amorcez la pompe.

168

Quand les divergences pèsent lourd dans la balance,
relâchez d'un cran : un petit **clic** vaut mieux
qu'un grand **choc**.

169

Redites-lui les premiers mots quand vous l'avez rencontré.

170

Vivez votre vie en chapitres. Un après l'autre.
Pas 2 chapitres en même temps.
Vous n'y comprendriez plus rien.

171

Trouvez 3 idées pour donner des ailes
aux projets les plus chers au cœur de votre amour.

172

Ne passez pas à côté de ceux qui comptent pour vous deux.
On les apprécie souvent quand c'est trop tard.

petites victoires, grand Amour

173

Baissez le son. Laissez votre amour tendre l'oreille.
S u s u r r e z . Chaque mot prononcé prend une nouvelle sonorité. S'emplit de mystère et de sensualité.
Laissez votre amour s'approcher. Se faire tendrement piéger.

174

Quand votre humeur vire au noir,
usez votre matière grise
pour la colorer en rose.
Cessez d'analyser ce qui se passe.
Allez voir ailleurs si vous y êtes.

petites victoires, grand Amour

175

Encouragez les valeurs douces dans votre couple :
humilité, simplicité, compassion. Votre union sera plus solide.

176

s¹a l ᵒ m ᵉ z

Emmenez-le sous chaque porte cochère pour un petit câlin.

Échauffement idéal avant l'étreinte finale.

177 Riez souvent ensemble.
Le rire est ce qui rapproche le plus deux personnes.

petites victoires, grand Amour

178

Trouvez 3 idées pour favoriser une ambiance émotionnelle calme, épanouissante, pleine de confiance et de respect.

179
Déshabillez-le.

Oui, mais pas tout de suiiiiiite.

Pas trop viiiiiiite.

Sachez le convoiteeeeeer, le désireeeeer, le captiveeeeer.

Et vous ... déshabillez-vous. (Merci Juliette)

180
Faites-lui une vraie déclaration d'amour dans les 24 heures.

petites victoires, grand Amour

Pardonnez.

Pardonnez à hier pour mieux profiter d'aujourd'hui et remercier déjà demain de tout ce qu'il vous offrira.

Bénissez chaque victoire remportée ensemble. À deux. Soyez fiers d'être contents d'être ravis d'être heureux : un grand amour se bâtit sur une montagne de petites victoires.

Vous avez envie d'ajouter vos idées bonheur personnelles ?
Couchez-les vite sur le papier pour les garder intactes :
les pages suivantes vous attendent ...

Vous souhaitez en faire également profiter les autres ?
N'hésitez pas à m'écrire :

Dominique Glocheux
"Les Idées Bonheur"
50 avenue Foch - 75116 Paris.

Internet e-mail : Dominique@MonsieurBonheur.com

petites victoires, grand Amour

Mes idées bonheur pour réussir en amour :

petites victoires, grand Amour

Mes idées bonheur pour réussir en amour :

petites victoires, grand Amour

Mes idées bonheur pour réussir en amour :

Impression réalisée sur CAMERON
par Brodard & Taupin
La Flèche en mai 2000
N° d'édition : FT0294
N° d'impression : 2283
Dépôt légal : mai 2000